La ley de atracción de la riqueza

Manifiesta abundancia con energía positiva diez veces más rápido

Por la Academia de la Ley de la Atracción, Timothy Willink

Arturo Juan Rodríguez Sevilla

interpretaciones contrarias al tema aquí tratado.

Este libro es sólo para fines de entretenimiento. Los puntos de vista expresados son los del autor solamente y no deben ser tomados como instrucciones expertas de comandos. El lector es responsable de sus propias acciones.

La adhesión a todas las leyes y regulaciones aplicables, incluyendo licencias profesionales internacionales, federales, estatales y locales, prácticas de negocios, publicidad y todos los demás aspectos de hacer negocios en los Estados Unidos, Canadá o cualquier otra jurisdicción es responsabilidad exclusiva del comprador o lector.

Ni el autor ni el editor asumen responsabilidad alguna en nombre del comprador o lector de estos materiales.

Cualquier desaire percibido de cualquier individuo u organización es puramente involuntario.

Introducción

La Ley de Atracción es una de las herramientas más poderosas que tenemos a nuestro alcance. A través de la Ley de Atracción, podemos manifestar virtualmente cualquier cosa en nuestras vidas.

Incluyendo la riqueza.

Desde 2006 y antes, la gente ha estado investigando qué es la Ley de la Atracción y cómo puede ser utilizada para manifestar varias cosas en la realidad.

Hemos estado identificando maneras de hacer que la Ley de la Atracción trabaje para todo, desde manifestar coches o casas nuevas hasta manifestar una mejor salud y manifestar más dinero.

Para muchos, el dinero parece ser el más difícil.

Y por una buena razón: el dinero tiene mucha presión a su alrededor.

En la sociedad, se nos ha hecho creer que el dinero no puede comprarnos la felicidad. De hecho, se nos ha hecho creer muchas cosas extrañas sobre el dinero, por lo que nos cuesta mucho manifestarlo.

Aunque el dinero en sí mismo no puede traerte felicidad, lo que el dinero te ofrece sí puede.

Al final del día, el dinero te da libertad.

A través del dinero, usted puede permitirse hacer prácticamente cualquier cosa que desee, lo que le permite hacer las cosas que le hacen feliz.

Puedes comprar una casa, coches, muebles, ropa, vales de viaje, experiencias y cualquier otra cosa que desees.

Cualquier cosa que quieras experimentar en esta vida puede ser costeada a través del poder de la riqueza, por lo que la riqueza es una herramienta muy valiosa para tener en tus manos.

Si estás listo para empezar a explotar la libertad que la riqueza trae, entonces necesitas explotar más profundamente la Ley de Atracción para que puedas empezar a hacer que este superpoder trabaje para ti.

En este libro, voy a mostrarte cómo puedes quitarle la presión al dinero y empezar a manifestarlo como un profesional. Antes de que te des cuenta, estarás manifestando riqueza a diestra y siniestra, y sentirás que todo te llegó por medio de la magia.

Si están listos para comenzar a aprovechar la abundancia de la riqueza para que puedan vivir su mejor vida, comencemos.

Gracias,

Timothy Willink

Cómo obtener el máximo provecho de este libro

Sacar el máximo provecho de este libro proviene, en última instancia, de indagar y practicar todo lo que contiene este libro sin reservas. Si puedes mantenerte enfocado e involucrado en estas prácticas sin inhibiciones, estarás llamando a la riqueza sin esfuerzo. Antes de que te des cuenta, estarás sosteniendo toda la riqueza que deseas en tus manos.

O, por lo menos, en tu cuenta bancaria.

Para realmente obtener el máximo de este libro, también querrás:

1) Entender la diferencia entre la Ley de Atracción para otras cosas y la Ley de Atracción para la riqueza específicamente. Dedique tiempo a

profundizar en el capítulo uno donde aprende sobre las diferentes energías antes de saltar con entusiasmo al resto del libro.

2) Explora las prácticas que se refieren específicamente a la construcción de la riqueza y otras que se refieren a la preparación de tu vida para la riqueza. Algunas de estas prácticas van a ser directas; otras te van a ayudar de una manera menos directa pero aún así salvajemente poderosa. Cualquiera que esté llamando a la riqueza amplia está tomando ventaja de ambos métodos.

3) Participe en las prácticas que le ayudan a construir su "tolerancia" hacia la manifestación de la riqueza. Esta es una manera poderosa de superar las locas creencias sociales que han estado bloqueando su flujo de dinero, así que aprovéchese de ellas.

4) Participe verdaderamente en la celebración durante todo el camino. Celebre su propio éxito, celebre el éxito

de sus seres queridos y celebre el éxito de los extraños. La riqueza que circula es algo hermoso de ver y celebrar le ayudará a llamar aún más a su propia vida.

5) Aprenda sus lecciones. Quiero decir realmente, realmente aprende sobre la riqueza y cómo puede hacerlo mejor con la riqueza. En pocas palabras: si no puedes manejar 100 dólares, no puedes manejar 1.000.000 de dólares. Más riqueza no es más fácil de manejar, no importa lo que pienses.

6) Prepárese para un cambio total de estilo de vida. Manifestar la riqueza realmente requiere que cambies tu perspectiva y tus creencias en torno a la riqueza para que puedas atraer y conservar más de ella. Eso es exactamente lo que voy a mostrarles cómo hacerlo.

Si aplican esta información mientras trabajan en este libro, descubrirán que es realmente fácil obtener todo lo que desean de sus prácticas de manifestación de riqueza. De esta manera, puedes estar llamando a la abundancia que deseas en poco tiempo.

Nota: La lectura de este libro y la participación en estas prácticas no garantiza un aumento de su abundancia. Si quieres una garantía: tienes que darte esa garantía. Ninguna persona o recurso puede dársela. Su garantía viene de usted determinando que continuará aprendiendo a aplicar la Ley de la Atracción a la creación de riqueza hasta que funcione.

Capítulo 1: Ley de atracción de la riqueza

Has oído hablar de la Ley de Atracción, y a estas alturas probablemente la has usado un buen número de veces en tu propia vida.

De hecho, puede que incluso la hayas usado en puntos donde no tenías ni idea de que la estabas usando.

A pesar de la cantidad de veces que has usado la Ley de la Atracción, conseguir que funcione específicamente para la riqueza puede ser difícil. Algunas personas parecen dominarla rápidamente sin dificultades reales para hacerla funcionar, mientras que otras luchan.

La gran razón por la que la gente lucha por usar la Ley de la Atracción para la riqueza es que ponen más presión en el dinero que en cualquier otra cosa.

Tiene sentido, ¿verdad? El dinero es responsable de que puedas permitirte vivir, de verdad.

A través del dinero, puedes pagar comida, refugio, ropa y otros recursos básicos para poder sobrevivir. También puedes permitirte todos los recursos adicionales que necesitas para disfrutar de la vida al máximo.

Sin dinero, no tienes nada de eso. Sin él, simplemente tienes que luchar.

Saber cuánto está en juego puede hacer aún más difícil comprometerse con la Ley de la Atracción y **confiar** profundamente en ella para producir resultados para ti.

Sin embargo, si quieres que funcione, vas a necesitar tener confianza.

También vas a necesitar tener familiaridad con la energía de la riqueza en sí misma y con lo que exactamente estás llamando, ya que la riqueza se ve diferente para cada uno.

Modificando la Ley de Atracción de la Riqueza

Modificar la Ley de la Atracción para la riqueza es bastante simple, aunque va a tomar algo de práctica en su vida.

Si quieres empezar a usar la Ley de la Atracción para la riqueza, necesitas entender que esto va a requerir que uses prácticas que son tanto directas como indirectas.

Directamente, vas a querer usar tus prácticas típicas de la Ley de la Atracción como afirmaciones, tableros de visión y metas.

Indirectamente, usted va a querer comenzar a participar en ciertas prácticas de curación de estilo de vida que le van a ayudar a prepararse realmente para la riqueza.

Verá, la riqueza viene con una abundancia de nuevas lecciones que debemos soportar.

Si usted va a llamar a la riqueza en su vida, también va a llamar a muchas lecciones para lo que quiere sanar.

Van a necesitar llamar a la habilidad de sanar sus experiencias en torno al dinero, la pobreza, la falta y el sufrimiento. Todo lo que se ha interpuesto alguna vez entre ustedes y el dinero va a necesitar ser llamado a la conciencia y a ser sanado.

De esta manera, pueden sanar todos los bloqueos que se interponen entre ustedes y su habilidad para recibir la abundancia de riqueza que desean.

Llamar a estas experiencias, sanarlas, y existir desde una nueva mentalidad sanada verdaderamente requiere que empiecen a usar la Ley de Atracción en un nivel más profundo.

Van a necesitar empezar a enfocarse en usarla de una forma que les permita incorporar un nuevo estilo de vida en su realidad.

Este nuevo estilo de vida es uno que viene con creencias sanadas alrededor del dinero.

Esas creencias sanadas traerán un cambio en todo, desde cómo ven la riqueza y la abundancia hasta cómo la manejan y lo que hacen con ella.

A medida que continúe encarnando este nuevo estilo de vida, descubrirá que es realmente mucho más fácil para usted crear lo que desea financieramente.

De esta manera, su riqueza entra fácilmente y usted se siente seguro, feliz y lleno de alegría a medida que entra.

Un nuevo enfoque energético

Además de cambiar su estilo de vida, también va a tener que cambiar la forma en que ve la riqueza.

Muchas personas ven la riqueza como algo que necesitan desesperadamente. También la ven como algo que posiblemente sea digno de ser resentido.

Piénsalo: si estás manifestando todo lo demás con facilidad, pero necesitas dinero para manifestar algo en particular, y estás luchando, ¿qué se interpone entre tú y tus deseos?

Dinero

Puede ser fácil ver el dinero como la molestia que le impide tener lo que realmente quiere.

Si solo tuvieras la capacidad de tener más dinero, entonces tendrías más de lo que deseas, ¿verdad?

Con esta mentalidad, empiezas a enfadarte con el dinero. También empiezas a desesperarte por tener más. De hecho: sientes un montón de cosas diferentes que surgen a medida que empiezas a ver el dinero como tu problema número uno.

¿Y adivinas qué pasa mientras todo esto sucede?

Alejas el dinero.

También atraes muchas lecciones de sanación que puedes incorporar para ayudarte a crear más del mismo recurso que deseas.

La clave aquí es entender que mientras veas el dinero como un problema, el dinero siempre será un problema para ti.

Cuanto más vean el dinero como algo que les impide tener lo que desean y como el recurso que les "roba", más lo van a alejar.

Y cuanto más lo alejes, más lo vas a querer y necesitar y menos tendrás.

Necesitas empezar a ver el dinero como una nueva energía. De hecho, ve la riqueza en su conjunto de una manera completamente nueva.

Si pueden comenzar a ver la riqueza como una energía que fluye libremente y que circula sin esfuerzo, pueden comenzar a disfrutar más de la riqueza.

Ustedes le quitan la energía al dinero que es un problema y, así como así, el dinero deja de ser un problema.

En vez de ello, el dinero se convierte en una solución y un recurso. Entonces, todo lo que necesitan hacer es sanar *su* problema con dinero, de manera que a medida que pidan más de esta solución, mejor podrán utilizarla para obtener lo que verdaderamente desean en la vida.

En este libro, vamos a enfocarnos específicamente en cómo puedes empezar a ver el dinero de una manera altamente positiva, sin poner demasiada presión sobre él. De esta manera, usted evita convertirlo en algo por lo que está desesperado, y puede pedir más dinero.

Si usas este libro correctamente, no sólo llamarás más dinero, sino que también sanarás tu relación con el dinero para que puedas empezar a tener una experiencia increíble con la riqueza.

Realmente es tan simple como cambiar su perspectiva y ajustar su comportamiento, como están a punto de ver.

Capítulo 2: Números que puede respaldar

La cosa número uno que la gente hace mal cuando se manifiesta es usar un número que no puede dejar atrás.

El dinero ya tiene mucha presión sobre él para la mayoría de nosotros, así que añadir aún más presión a su valor en dólares aumentando la cantidad que desean manifestar puede hacerlo más desafiante.

Aunque tener una meta elevada está bien, es ideal comenzar en algún lugar más pequeño, como en un hito, si realmente quieren manifestar más abundancia.

Establecer hitos hacia sus metas elevadas y manifestar esos hitos es a menudo la forma más fácil para que cualquiera comience a manifestar el dinero rápidamente.

De esta manera, la presión se reduce.

Cuando la presión se reduce, la tendencia a saltar a la energía de la desesperación se reduce, aumentando así su tendencia a pedir dinero con facilidad.

Para poder empezar a llamar al dinero con facilidad, quitando la presión, vas a querer encontrar tu punto dulce para poder elegir un número en el que puedas poner tu energía.

Luego, vas a trabajar para aumentar gradualmente tu "tolerancia" de manera que puedas elevar tu punto ideal.

De esta manera, podrás continuar poniendo tu energía detrás de lo que deseas. Lo cual, por cierto, también te explicaré cómo hacerlo.

Encontrando tu punto dulce

Encontrar su punto dulce con el dinero a menudo viene primero de identificar cuánto está ganando de manera consistente.

Dicen que cuando se trata de dinero, nunca ganaremos más de lo que nos sentimos cómodos ganando. Nuestra zona de comodidad suele estar dictada por lo que nos ayuda a vivir el estilo de vida al que nos hemos acostumbrado, incluso si ese estilo de vida implica mucha lucha.

Por esa razón, incluso si usted está luchando financieramente en este momento, usted va a querer identificar ese número y utilizar este truco.

Una vez que hayas identificado cuánto estás ganando ya, quiero que sigas adelante y empieces a añadir entre 50 y 100 dólares a ese valor hasta que empieces a sentirte incómodo.

Presta mucha atención a dónde empiezas a sentirte realmente incómodo, incluso si es más bajo de lo que piensas. En ese punto es donde comienza a estirar tu límite superior.

Ahora, tu punto "dulce" va a ser el punto en el que empiezas a sentirte como "tal vez pueda manifestar eso".

Se va a sentir incómodo y habrá un cierto grado de incertidumbre asociado con el número. Probablemente dirás cosas como "eso parece factible, pero no sé cómo voy a hacerlo".

Esta misma frase, o cualquier otra similar, le mostrará que está empezando a llegar a ese punto en el que se encuentra fuera de su zona de confort.

Cualquier número que estimule este sentimiento dentro de ti debe ser la cantidad que desees manifestar.

Usando este método, usted debe enfocarse en hacer que ese sea su número meta para su ingreso mensual manifestado.

Incrementando Su Tolerancia

A medida que empiece a alcanzar sus metas financieras, puede empezar a aumentar su tolerancia. Usted aumenta su tolerancia usando exactamente el mismo método de arriba, aumentando su número ligeramente hasta que encuentre ese punto incierto otra vez.

Continúe incrementando gradualmente su número cada vez que alcance su nuevo hito hasta que haya comenzado a ganar exitosamente la cantidad de riqueza que desea en una base mensual consistente.

Incrementar su tolerancia a la riqueza de esta manera le permite llegar verdaderamente a donde desea ir mucho, mucho más rápido.

Hacerlo de esta manera le permite trabajar a través de cada bloque, incomodidad y lección que surge de una manera que no es abrumadora. Esto también les permite incrementar su confianza y refinar sus creencias para que puedan verdaderamente poner su energía detrás de los crecientes números de ingresos ganados.

Es importante hacerlo de esta manera para que no te llegue lo que mucha gente llama "el síndrome de la lotería".

El síndrome de la lotería significa, en última instancia, que usted recibe una gran suma de dinero, e inmediatamente lo gasta o lo desperdicia porque no sabe qué hacer con él.

Para la mayoría de las personas, esto se reduce a sentir que no son lo suficientemente valiosos como para mantener esa cantidad de dinero y que tienen unas habilidades de gestión de dinero francamente pobres.

Evitar esta experiencia traumática de la riqueza puede hacer que sea más fácil para usted aumentar constantemente su abundancia con el tiempo, ya que le impide sentir esa magnitud de la pérdida.

Poner su energía detrás de su número

Aprender a poner tu energía detrás de la cantidad de ingresos que deseas toma práctica. De hecho, aprender a poner tu energía detrás de cualquier cosa requiere práctica.

Cuando digo "poner tu energía detrás de ello" lo que quiero decir es que necesitas ser capaz de sentir, creer, y afirmar que puedes manifestar lo que estás estableciendo para manifestar. Necesitan saber en lo profundo de su corazón que esto es posible para ustedes, aún cuando no sepan cómo hacerlo.

Aunque no se sientan inmediatamente muy confiados en lo que están manifestando, deben sentir que pueden confiar en ello rápidamente.

Cuanto más incrementen su confianza en lo que están manifestando, más van a creer genuinamente que es posible para ustedes. Este nivel masivo de creencia y confianza va a ayudarlos a manifestarse significativamente más rápido, ya que no habrá dudas o negatividad que los detenga para obtener exactamente lo que desean.

Una gran forma de empezar a conseguir su energía detrás de algo es visualizar que está sucediendo. Visualicen su deseo como si fuera una roca o una pelota que están empujando y visualícense parados detrás de ella y empujándola en la dirección deseada.

Sientan con total certeza y confianza que tienen lo que se necesita para empujarlo en esa dirección, y luego sigan adelante.

A medida que lo hacen, construirán su verdadera confianza en lo que están manifestando, permitiéndoles manifestarlo mucho más rápido.

Capítulo 3: Hablar de la riqueza

¿Alguna vez se ha detenido a prestar atención a la forma en que utiliza su lenguaje?

Su idioma es una herramienta poderosa que le permite afirmar sus sentimientos y creencias existentes en torno a algo, así como adquirir nuevos sentimientos y creencias.

Literalmente pueden recablear su voz a través de la forma en que hablan, que es exactamente lo que quieren hacer si quieren manifestar más riqueza en su vida.

Si están listos para embarcarse en su primera práctica de cambio de estilo de vida para manifestar más riqueza en su vida, su idioma es el lugar número uno para empezar.

Tu lenguaje es importante

Tu lenguaje es realmente importante, mucho más de lo que probablemente te imaginas.

Cuando te manifiestas, tu lenguaje te ayuda a determinar qué es lo que vas a crear más. Puedes saber inmediatamente a través del lenguaje de alguien, si está atrayendo cosas positivas a su vida o cosas negativas.

Cualquiera que se queje regularmente, juzgue o hable mal de algo está alejando esa misma cosa de sí mismo. Su energía de resistencia es ejercida hacia su deseo, permitiéndole salir de sus vidas sin esfuerzo hasta que deseen volver a llamarlo.

Cualquiera que hable de forma agradable sobre algo lo está atrayendo a sus vidas porque literalmente lo están llamando verbalmente. No hay ninguna resistencia entre ellos y lo que desean, lo que hace un camino claro y fácil para que ese deseo se manifieste.

Si quieren manifestar más riqueza en su vida, necesitan auditar su lenguaje y comenzar a ver si están hablando con fluidez en la falta o en la abundancia.

Para manifestar verdaderamente el dinero rápidamente, deberían usar un lenguaje de riqueza positiva para que esto suceda.

¿Qué es el lenguaje de la riqueza positiva?

El lenguaje de la riqueza positiva llega a su vida a través de un deseo de hablar agradablemente sobre la riqueza que usted está llamando a su vida.

El lenguaje positivo sobre la riqueza es cualquier cosa que afirme, celebre, invite o alabe la riqueza en su vida. Tampoco necesita ser usado exclusivamente cuando te estás manifestando. Puedes usar el lenguaje de la riqueza positiva en tu vida en general; en cualquier momento que la riqueza aparezca orgánicamente como un tema en tu vida.

También puede utilizar el lenguaje de la riqueza positiva en su mente, en cualquier momento que esté hablando consigo mismo o teniendo conversaciones privadas sobre la riqueza en su mente.

La forma en que usted se habla a sí mismo y a los demás acerca de la riqueza siempre debe ser positiva y agradable, incluso si en el presente no está sintiendo verdaderamente la abundancia en su vida.

Este lenguaje optimista muestra la riqueza y todas las oportunidades de producción de riqueza que ustedes quieren atraer más, permitiéndoles llamar efectivamente a más riqueza. Como resultado, se encuentran creciendo rápidamente más abundante en su vida.

Hablando de Riqueza con fluidez

La riqueza de hablar con fluidez viene con el aprendizaje de cómo desarrollar la conciencia de sí mismo en torno al idioma que está utilizando, para que pueda comenzar a cambiar su idioma como le parezca conveniente.

La conciencia de sí mismo en torno al lenguaje viene de prestar atención a su lenguaje cada vez que empieza a hablar de la riqueza. Puede empezar a desarrollar esta autoconciencia estableciendo la intención de prestar más atención a su idioma cuando surja este tema.

Establecer esta intención hará que su cerebro se vuelva naturalmente consciente de lo que está diciendo cada vez que hable sobre la riqueza y el dinero.

Luego, a medida que empiece a tomar conciencia de esto, puede empezar a elegir intencionalmente el lenguaje que sea positivo, y que promueva la riqueza en su vida.

Diga cosas como "Me siento abundante" o "Estoy dispuesto a ver formas de que la abundancia se haga realidad".

Busca siempre la oportunidad de difundir el optimismo en tu idioma y de mantener el espacio para que fluya más abundancia en tu vida.

Evite hablar de cualquier manera que desarrolle resentimiento o decepción en torno al dinero, ya que esto resultará en la construcción de resentimiento desde el interior. Como resultado, usted inevitablemente comenzará a alejar el dinero en su vida, lo cual tendría el efecto opuesto exacto a lo que usted desea.

A medida que continúen estableciendo esta intención y sosteniendo esta conciencia, encontrarán que empiezan a hablar fluidamente sobre la riqueza de una forma que es positiva y que da la bienvenida a la riqueza en su vida.

Capítulo 4: Gratitud y Oración

En prácticamente todos los métodos de trabajo con la Ley de la Atracción, la gratitud y la oración son herramientas poderosas.

La gratitud y la oración son dos herramientas que puedes usar y que te ayudan a cambiar tu energía y tu percepción alrededor de cualquier punto de enfoque que estés sosteniendo.

Si te estás enfocando en establecer más riqueza en tu vida, la gratitud y la oración te ayudarán a mantener el espacio para que haya más riqueza entre en tu vida. A través de estas dos prácticas, descubrirás que preparas completamente tu mente para desarrollar una energía más positiva y receptiva para que el dinero fluya hacia ti.

El poder de la gratitud y la riqueza

La gratitud es una emoción que puede ser utilizada como una herramienta para ayudarte a abrir tu energía en una que esté llena de gratitud o agradecimiento.

Cuando estás experimentando la gratitud, estás dando gracias a algo que estás agradecido de tener en tu vida. La energía asociada con este agradecimiento se siente profundamente y es sagrada para muchos.

Entrar en la energía de la gratitud te da la oportunidad de sentir profundamente la magnitud de las bendiciones que estás recibiendo en tu vida.

Cuando te sientes dentro de la energía de la gratitud, te estás sintiendo dentro de una energía profundamente honrada que te permite recibir en todos los niveles desde el físico hasta el espiritual.

Con la riqueza, la gratitud te ayuda a experimentar esta profunda receptividad para toda la riqueza que se te presente. También te permite honrar esa riqueza y mantenerte abierto a recibir aún más de ella.

Rezando por un retorno diez veces mayor

Orar es una gran herramienta que va de la mano con la gratitud y te permite convertir la energía o la emoción de la gratitud en una herramienta.

Con la oración, puedes experimentar profundamente la gratitud y expresar un deseo puro de experimentar más de lo que estás agradecido.

En el caso de la riqueza, puedes usar la gratitud para agradecer al universo por hacer circular la riqueza a tu manera, y luego comenzar a orar para que circule más a tu manera.

La oración es una herramienta que debe ser usada genuinamente y con un corazón verdadero. Cuando estás orando por el deseo genuino de tener más riqueza para poder hacer más con tu riqueza, estás orando de una manera que se siente en integridad con quien eres.

Como resultado, su oración realmente trabaja duro para ayudarle a mantener su mente enfocada en sus deseos y para ayudarle a manifestarlos más rápidamente.

Una gran oración para usar cuando usted está gastando dinero o circulando el dinero es orar para que regrese a usted diez veces más. Den gratitud y agradecimiento por lo que les ha permitido, y luego oren para que les regrese diez veces más para que puedan hacerlo de nuevo.

De esta manera, ustedes siempre están orando para que la abundancia regrese a su camino, permitiéndoles estar abiertos a recibir de vuelta lo que han gastado y algo más.

Difundiendo su gratitud y oración

Cuando se usa la gratitud y la oración, puede ser útil orar por el dinero para que circule abundantemente para todos.

Aprender a compartir la energía de la gratitud y la oración orando para que otros lleguen a la abundancia de la riqueza te ayuda a ver la abundancia de la riqueza circulando.

De esta manera, usted también está apoyando a otros para que logren vidas ricas. Al mismo tiempo, están abriendo su mente para ver cómo la abundancia está circulando por el mundo y sirviendo a muchas personas diferentes.

Psicológicamente, esto les ayuda a darse cuenta de que hay tanto dinero circulando en el mundo que hay abundancia para todos.

La mayoría de la gente encuentra que preferirían ser ricos junto con tener a otros ricos también para poder experimentar la gratitud de todos los que prosperan.

Para muchos, la incorporación de este tipo de oración en su energía de manifestación les ayuda a sentirse en integridad con ustedes mismos. De esta manera, ustedes genuinamente ven y sienten que no son codiciosos con el dinero pero que verdaderamente desean que todos prosperen de la abundancia de dinero que abunda.

Esto también les ayuda a tener una energía más "libre" con el dinero, ya que les ayuda a sentirse más confiados al hacer circular el dinero a otros de la misma manera que ellos hacen circular el dinero a ustedes.

Capítulo 5: Prepare su mente para la riqueza

Nuestras mentes son herramientas poderosas que pueden ser usadas para servirnos.

También tenemos la tendencia a usarlas para obstaculizarnos.

En la raíz de todo: nuestra mente quiere mantenernos vivos y lo hace reduciendo la cantidad de energía que usamos al hacer las cosas y protegiéndonos de amenazas mortales.

Lo que acaba ocurriendo es que todo lo que aprendemos o recogemos en la infancia se convierte en un comportamiento automático que, en la mayoría de los casos, no volvemos a cuestionar.

Esto incluye todas nuestras creencias y comportamientos en torno a la riqueza.

Esto significa que todo lo que crees y te comportas en torno a la adquisición de riqueza, la apreciación de la riqueza, la circulación de la riqueza y el ahorro de la riqueza son probablemente automáticos.

Si quieres cambiar la forma en que se ve tu historia de riqueza, necesitas ir intencionalmente y cambiar estas creencias y comportamientos.

Una gran forma de hacerlo es preparando su mente, lo que le permite cambiar sus creencias y comportamientos desde el interior.

Qué hacer con los pensamientos negativos

Los pensamientos negativos cuando se trata de manifestar son básicamente cualquier pensamiento que no está sirviendo a su objetivo de lo que está tratando de manifestar.

En cualquier momento en que hayas pensado en la duda, el miedo, la incertidumbre o la resistencia, tienes un pensamiento que se considera negativo.

Es importante entender que lo negativo no significa "malo", simplemente significa que está trabajando en contra de tus deseos de manifestación. No estás haciendo nada malo por tener estos pensamientos; simplemente se te está mostrando un área en la que necesitas sanar tus creencias y perspectiva en torno a la riqueza.

Cuando tienes un pensamiento negativo, lo mejor que puedes hacer es ignorarlo. No traten de apartarlo o negarlo, en vez de ello simplemente déjenlo estar y enfóquense en otra cosa.

Aprender a no alimentar la energía en pensamientos negativos, absteniéndose de responder con miedo, ira, agitación, irritación, estrés o cualquier otra cosa, le ayudará a dejar de amplificar estas energías.

Como resultado, se detendrán de forma natural.

Cómo amplificar los pensamientos positivos

Si quieres ignore los pensamientos negativos para que desaparezcan orgánicamente, y luego, naturalmente, querrás centrarte en los pensamientos positivos para amplificarlos.

Reconocerse a sí mismo por cada vez que tiene un pensamiento positivo y decir gracias u ofrecer elogios a ese pensamiento es una gran oportunidad para amplificar sus pensamientos positivos. De esta manera, usted está mostrando a su mente que estos son deseables y que ganan atención genuina.

No necesitas obsesionarte o amplificar excesivamente tus pensamientos positivos hasta el punto en que es todo en lo que piensas. Todo lo que necesitas hacer es reconocer el pensamiento y dar gracias.

De esta manera, tu cerebro comienza a ver estos pensamientos positivos como de ayuda y apoyo y empieza a ayudarte a crecer con tus pensamientos positivos.

Entrenando su mente para enfocarse

El entrenamiento de su mente para enfocarse viene de la regulación de sus pensamientos a través de la autoconciencia consistente e intencional.

Cada vez que veas que tus pensamientos se mueven hacia algo negativo, ignora ese pensamiento y piensa en algo por completo.

Cada vez que veas que tus pensamientos se mueven hacia algo positivo, puedes enfocarte en ese pensamiento y darle las gracias.

El movimiento consistente de ida y vuelta entre estas dos prácticas enseñará a tu mente a enfocarse en pensamientos positivos y a rechazar los negativos. Como resultado, encontrarás que tus pensamientos evolucionan con el tiempo solo para mostrar aquellos que apoyan tus deseos manifiestos.

En este caso, tus pensamientos evolucionarán solo para apoyar a aquellos que son productivos para ayudarte a lograr tu meta de manifestar mayor riqueza y abundancia.

Capítulo 6: Aprende tus lecciones ahora

Cada persona tiene lecciones que aprender en torno a la riqueza, desde la comprensión de cómo adquirirla hasta la comprensión de cómo administrarla.

Aprender sobre cuáles son sus lecciones ahora y poner su esfuerzo en reconocer y aprender cuáles son estas lecciones le ayudará a incrementar su abundancia.

La verdad es que cuando ustedes manifiestan riqueza, también pueden manifestar el trauma de la riqueza.

Muchas personas manifiestan más de lo que saben con qué hacer, solo para perderlo todo y luego sentir una gran cantidad de vergüenza o indignidad. Llevar estos sentimientos con ustedes no es mejor que llevar el sentimiento de no saber cómo adquirir riqueza en primer lugar.

A medida que manifiestan la riqueza, enfóquense en aprender sus lecciones mejorando su conocimiento de la riqueza y sus habilidades de manejo. De esta forma, cuando empiece a llegar a su camino, ustedes sabrán qué hacer con ella.

Mejorando su conocimiento de la riqueza

Si le preguntara a casi cualquier persona cómo podría empezar a ganar dinero, lo más probable es que no tuviera un verdadero conocimiento de cómo hacerlo. Puede que tengan ideas, pero si les preguntas si tienen alguna experiencia, probablemente dirán que no.

La mayoría de las personas están limitadas en cuanto a la forma de adquirir riqueza porque simplemente no conocen otra forma de hacerlo.

Ahora bien, si usted le preguntara a la gente cómo pueden adquirir riqueza de una manera que continúe honrando su libertad y habilidad para disfrutar del proceso, aún menos tendrían una respuesta para usted.

Muy pocas personas saben verdaderamente como ganar dinero de una forma que sea genuinamente agradable para ellos.

Si ustedes quieren manifestar una abundancia de riqueza, las oportunidades son una de las razones primarias es porque ustedes quieren más libertad y disfrute en su vida. Ustedes pueden ganar más libertad y disfrute de hacer dinero de una forma que sea genuinamente divertida para ustedes, permitiendo que todo el proceso de la riqueza sea disfrutable.

Una de las lecciones en las que debería enfocarse profundamente en el aprendizaje involucra cualquier cosa relacionada con ganar riqueza de una manera que usted encontrará agradable.

Aprender esta lección aprendiendo a ver la creación de riqueza como algo divertido y aprendiendo lo que necesitas hacer para divertirte con ella te ayuda a dejar de resistir y resentir la riqueza. De esta manera, no te resientes a tener que trabajar o hacer algo que no disfrutas solo para ganar dinero. Como resultado, el dinero ya no se asemeja a que usted tenga que cambiar su valioso tiempo por dinero de una manera que le trae pavor.

Al final, usted abre una oportunidad de ganar más dinero, tanto enérgica como prácticamente.

Mejorando su gestión de patrimonio

Una vez que empiece a ganar dinero, va a necesitar saber qué hacer con ese dinero. Es importante que empiece a manejar su dinero de una manera que le ayude a sentirse verdaderamente abundante con su riqueza.

Piensen en ello de esta manera: si tuvieran 100.000 dólares y los gastaran en un solo coche, pero continuaran luchando para pagar la renta y poner comida en la mesa, ¿se sentirían verdaderamente abundantes?

No.

La riqueza no es solo un valor en dólares o una abundancia de flujo de caja; es el conocimiento de cómo manejar ese flujo de caja para que usted pueda sentirse genuinamente abundante.

Pasen algún tiempo asistiendo a clases de manejo de riqueza y descubriendo cómo manejar sus fondos apropiadamente, y trabajen para poner eso en acción. Aunque sólo esté trabajando para administrar mil dólares al mes, concéntrese en ello.

Cuanto más aprenda a manejar su dinero, más abundante se sentirá a largo plazo porque realmente sabe cómo manejar sus fondos.

Administrar mil dólares, Administrar un millón de dólares

La verdad es que el trabajo y el conocimiento que se utiliza para administrar mil dólares es el mismo trabajo y conocimiento que se utiliza para administrar un millón de dólares.

Si tienes la tendencia de gastar tu dinero rápidamente y te encuentras preguntándote adónde fue a parar todo o lamentando en qué lo gastaste, ninguna cantidad de dinero cambiará eso.

Usted puede pensar que tener una gran cantidad de dinero le amortiguará ya que ahora tiene más de lo que puede gastar, pero eso no es cierto.

Las personas que saben cómo gastar dinero rápidamente y en compras sin sentido casi siempre encontrarán maneras de gastar el dinero sin importar la cantidad de dinero que estén gastando. Simplemente encontrarán cosas sin sentido más caras en las que gastar su dinero.

Muchos multimillonarios se sienten pobres simplemente porque no saben realmente cómo administrar su dinero.

Si usted pasa tiempo tomando en serio esta práctica de administración del dinero en este momento, se sentirá mucho más seguro en su administración del dinero. Como resultado, cuando empiece a ganar más dinero, se encontrará manejando ese dinero con confianza y usándolo para sentirse aún más abundante.

Capítulo 7: Toma de medidas intuitiva

Independientemente de cómo lo exprese, hacer dinero requiere una acción en su nombre. Simplemente no se puede ganar dinero sin tomar medidas de una manera u otra.

Dicho esto, la acción que usted tome no tiene que ser tediosa, presionada o llena de resentimiento. No tienes que estar atado a tomar acciones que temes, causando que sientas que el proceso de hacer dinero es terrible.

Aprender a percibir el proceso de toma de acción y ajustarlo para que realmente sirva a sus necesidades será una gran oportunidad para que usted haga el impacto que desea.

"No caerá del cielo"

Una gran creencia que mucha gente tiene, que es perfectamente válida y verdadera, es "¿Cómo puede funcionar la manifestación del dinero? No es como si el dinero fuera a caer del cielo".

Eso es exactamente cierto, también.

El dinero no caerá simplemente del cielo. No puedes simplemente rezar por un millón de dólares y despertar con un millón de dólares en tu cuenta bancaria. No vas a adquirir riqueza sin antes tomar medidas.

Si esta es una creencia a la que se aferran, es importante que trabajen con su mente para asegurarse de que la reconocen. Sin reconocer esta conciencia y honrarla, su cerebro probablemente continuará bloqueando su manifestación produciendo creencias que se manifiestan como una locura o que no son posibles. Como resultado, te vas a encontrar encontrando formas de "desacreditar" cada práctica de manifestación que intentes, o esencialmente dudar de ella hasta el punto de que ya no funcione.

Tómense un tiempo para sentarse con esta creencia y encuentren una forma de percibir la riqueza de la manifestación para que su mente realmente la entienda, y puedan respaldarla.

Tomen conciencia del hecho de que manifestar el dinero requerirá acción. Sin embargo, una vez que apliquen la acción, pueden comenzar a manifestar tanta riqueza como realmente deseen.

También pueden elegir acciones intuitivamente para que estén tomando acciones que sean divertidas y que manifiesten la mayor cantidad de riqueza, en lugar de tratar de forzar y que se les pague el mínimo por su trabajo.

Saber cuando actuar

Saber cuándo actuar proviene, en última instancia, de saber escuchar su intuición.

La acción intuitiva es el tipo de acción que te va a ayudar a manifestar la riqueza en tu vida más rápido que nunca antes.

La acción intuitiva es la clave para manifestar la riqueza porque te lleva por un nuevo camino, basado en tu nueva perspectiva.

Míralo de esta manera: hasta ahora, la creación de riqueza probablemente siempre ha sido una práctica automática que nunca has cuestionado. Tal vez nunca se esforzaron en encontrar nuevas formas de producir riqueza, y por lo tanto siempre han tenido más o menos los mismos ingresos. O bien, tus ingresos fluctuaron, pero la forma en que produjiste los ingresos siempre se mantuvo constante.

De cualquier manera, su enfoque en torno a la creación de riqueza era fijo y era algo que usted conocía bien.

La creación de riqueza a través de la acción intuitiva significa que usted va a tener que tomar acciones que nunca antes ha tomado. Ustedes van a tener que labrar un nuevo camino de construcción de riqueza que les permita continuar construyendo riqueza sin usar ninguno de los caminos automáticos a los que están acostumbrados.

El uso de su intuición les permitirá navegar por el curso y encontrar un camino de acción que les traerá la riqueza que desean.

La verdad es que no hay manera de garantizar que su intuición sea correcta. Sin embargo, dado que su perspectiva y enfoque han cambiado, necesitará desarrollar confianza en su intuición y en su habilidad para llevarle hacia adelante.

Al final del día, tu intuición tiene una mejor oportunidad de llevarlo a esa riqueza más rápido que cualquier otra cosa. Y, en la mayoría de los casos, tu intuición no te mentirá, y obtendrás exactamente lo que deseas.

Si nunca ha escuchado a su intuición antes, va a querer empezar a aprender cómo. La forma más fácil es aquietar tu mente y comenzar a escuchar y actuar según la guía que le llega de su "instinto visceral". Esta es la voz de tu intuición, y es la voz que te va a guiar por el mejor camino posible hacia la construcción de tu riqueza deseada en la vida.

Capítulo 8: Mejorar tu estado de ánimo

Lo creas o no, tu estado de ánimo puede afectar masivamente tus habilidades de manifestación.

Piénsalo de esta manera: La Ley de Atracción está basada en la energía; tu estado de ánimo es un reflejo de la energía que llevas dentro de ti.

Si quieres manifestarte más rápido, necesitas aprender a mejorar tu estado de ánimo mejorando tu sentido general de bienestar; cuanto más puedas hacer esto, más podrás manifestar riqueza en tu vida.

De hecho, hay un entendimiento común en la comunidad de la Ley de la Atracción de que cuanto *más* te diviertes, *más* atraes la abundancia y la riqueza a tu vida.

Sin embargo, para la mayoría de la gente, hacer dinero es terrible, sin sentido, aburrido, y sobre todo: estresante.

Imagínese.

No es de extrañar que a tanta gente le cueste construir riqueza en sus vidas.

Estado de ánimo positivo, energía positiva

Si quieren mejorar su manifestación para la riqueza, necesitan mejorar su estado de ánimo, lo cual les dará energía positiva.

Puedes mejorar tu estado de ánimo positivo de innumerables maneras, aunque las mejores maneras suelen implicar simplemente trabajar en conjunto con tus pensamientos y acciones. Estas dos fuentes dan combustible a tus emociones para determinar lo que van a ser: positivas y optimistas, o negativas y miserables.

Cada día deberías poner energía en ayudarte a experimentar un estado de ánimo positivo para que puedas mejorar tus habilidades de manifestación.

Mejor aún, pon energía en ayudarte a experimentar un estado de ánimo positivo mientras trabajas en las técnicas de manifestación para que puedas obtener un máximo impulso. Esta es una gran manera de amplificar la energía que va a su manifestación, permitiéndole recibir más de lo que quiere y más rápido.

Mejorando tu estado de ánimo a través de los pensamientos

Tus pensamientos pueden darte combustible masivo para el poder de tu mente. Aprender a mejorar tu estado de ánimo a través de tus pensamientos te permitirá que te sea más fácil manifestarte por completo.

La mejor manera de mejorar tu estado de ánimo a través de tus pensamientos es pensar en pensamientos divertidos que te hagan sentir bien.

Pon un gran énfasis en ignorar y liberar todos los pensamientos que te hacen preocupar, sentirte miserable, estresado, o que de alguna manera te hacen sentir pesado y cargado por dentro.

Luego, pon un fuerte énfasis en amplificar y recompensar todos los pensamientos que te hacen sentir feliz, positivo y de otra manera alegre por dentro.

Esto viene junto con la preparación de su mente, excepto que aquí usted va a llevarla aún más lejos. Ahora, en lugar de solo preparar sus pensamientos en torno a la riqueza, va a preparar sus pensamientos en torno a su bienestar general en general.

Este es un gran paso hacia la manifestación de la riqueza como un profesional.

Mejorando su estado de ánimo a través de acciones

Puedes mejorar tu estado de ánimo a través de tus acciones al ponerte activo. Bailar, hacer hula hooping, saltar y correr son todas formas estupendas de aumentar tu energía y sentirte más animado.

De hecho, *cualquier* tipo de actividad física que te ponga en movimiento y aumente tu ritmo cardíaco va a mejorar tu estado de ánimo.

Cuando te mueves, tu cuerpo comienza a liberar endorfinas que te permiten tener más facilidad para entrar en un estado de ánimo positivo. Estas endorfinas aumentan naturalmente tu serotonina y dopamina, que son dos hormonas que aumentan tu felicidad en general.

El movimiento diario es una gran manera de mejorar tu estado de ánimo en general. Ponerse en movimiento mientras piensas en tus deseos es otra gran manera de mejorar tus habilidades de manifestación, poniéndote en un estado de ánimo positivo mientras estás en la energía de atracción.

Capítulo 9: Celebrar a los demás

¿Recuerdan que mencioné que mostrar gratitud y orar por otros es una gran manera de mantenerlos en integridad con su abundante ser manifestado?

La verdad es: celebrar la circulación que otros experimentan de cualquier manera es una gran oportunidad para celebrar la riqueza y manifestar más en tu propia dirección.

La celebración, en general, es una gran oportunidad para mostrar entusiasmo y positividad alrededor de la riqueza, lo que ayuda a atraer la riqueza en tu dirección aún más rápido.

Esto también le ayuda a mantenerse como una persona positiva a su alrededor, lo que significa que no solo atraerá riqueza financiera, sino que también atraerá una abundancia de amigos en su vida.

Después de todo, la gente disfruta pasando tiempo con aquellos que son genuinamente positivos para estar alrededor.

La energía de la celebración

La energía de la celebración es una que es optimista y agradable. De hecho, esto va de la mano con ponerse en un estado de ánimo positivo a la hora de manifestarse.

La celebración es una energía verdaderamente optimista que te pondrá de un humor positivo, y es una que puede ser fácilmente compartida con otras personas.

"Cuando están celebrando, están poniendo sus energías extremadamente altas, y virtualmente siempre están trayendo esa energía al mundo de los demás".

Esta alta energía pone una gran cantidad de entusiasmo y positividad alrededor de la riqueza en sí, lo que entrena su mente para ver la riqueza como algo increíblemente positivo. Como resultado, les resulta mucho más fácil atraer más riqueza a su vida y crear una mayor abundancia.

El entrar en la energía de la verdadera celebración tan frecuentemente como sea posible es una forma maravillosa de amplificar su energía en torno a la manifestación de la riqueza en su vida.

Celebrando el éxito de otros

Cuando se trata de celebrar y manifestar la riqueza, es importante celebrar el éxito de los demás tanto como celebrarían el suyo propio.

En primer lugar, simplemente te hace una persona más agradable porque demuestra que puedes sentirte genuinamente feliz por otras personas en tu vida.

Sin embargo, también puede ayudarle a comenzar a enviar energía a la circulación positiva de la riqueza en su vida.

Cuando celebran la riqueza, le enseñan a su mente que esto es algo para ser disfrutado y que es algo de lo que quieren más.

Ya que su cerebro genuinamente quiere sentir y experimentar toda esa positividad y disfrute, naturalmente trabajará para traer más de eso a su vida. De esta manera, puedes sentir esa celebración y positividad mucho más a menudo.

Para tu cerebro, traer más riqueza y darte razones para celebrar por ti mismo significa que estás ganando. Como resultado, te vas a sentir mucho más positivo y productivo en tu habilidad de manifestar riqueza.

Reclamando el éxito por su cuenta

La mejor forma de hacer circular la energía de la celebración a tu manera es comenzar a enfocarte en cómo puedes reclamar la manifestación exitosa de la riqueza para ti también.

Cuanto más puedan celebrar la riqueza de otros y compartir esa emoción con ellos, mejor. Sin embargo, también pueden trabajar para anclar esa energía en sus propios esfuerzos de manifestación.

La mejor forma de hacer esto es enfocarse en celebrar de una manera que los involucre a ustedes en la ecuación.

La meta aquí no es quitarle el éxito a los demás o tratar de robarles su éxito, ni tampoco es tratar de quitarles dinero o reclamar verdaderamente lo que han ganado para ustedes.

En cambio, es para celebrar el hecho de que el dinero que circula hacia ellos significa que el dinero está circulando abundantemente. Por lo tanto, naturalmente, ustedes deberían tener la habilidad de hacer circular el dinero hacia ustedes mismos también.

Esto significa que inevitablemente hay mucho dinero que se les presenta, también, porque la abundancia se les presenta.

Cuando ustedes reconocen este hecho y lo celebran también, empiezan a reclamar el éxito de la circulación de la riqueza para ustedes también.

Comienzan a identificar el hecho de que son tan dignos y afortunados como cualquier otro y que pueden reclamar fácilmente y en abundancia la riqueza para sí mismos, también. Le enseñas a tu mente que es, de hecho, posible, lo que te ayuda a sentirte mucho más seguro de poseerla para ti mismo.

Cuando estés celebrando el éxito de la manifestación de alguien más, di "gracias universo por mostrarme que la riqueza circula en abundancia, por favor, envíame algo a mí también".

De la misma manera, cuando celebres el éxito de tu propia manifestación, di "gracias universo por traerme riqueza a mi manera, por favor tráeme más para disfrutar".

Esta energía de celebración y de reclamarla para ustedes mismos los apoyará abundantemente para llamar a más riqueza en su propia experiencia. Como resultado, tendrán un tiempo mucho más fácil para manifestar la abundancia, y se sentirá mucho más agradable para ustedes. Además, harán grandes amigos a lo largo del camino.

Capítulo 10: Refinar su enfoque

Como todo, la riqueza manifiesta es algo que se puede refinar con el tiempo.

A medida que continúen manifestando la abundancia en su vida, van a descubrir que hay prácticas y herramientas que pueden intentar que hacen que manifestar la abundancia sea aún más fácil para ustedes.

Una vez más, el refinar tu práctica se reduce a la autoconciencia y a la acción intuitiva.

Cuando ustedes continúan practicando la autoconciencia, se permiten a sí mismos identificar dónde están apoyando el dinero que fluye en su vida y dónde pueden hacer más para apoyar un mayor flujo.

También se ayuda a sí mismo a ver qué prácticas está utilizando que están apoyando la abundancia de la riqueza, mientras que también son agradables para usted. De esta manera, si encuentran alguna que no sea agradable, pueden ajustarla para que sea agradable.

Al final del día, ser verdaderamente rico es la experiencia de tener dinero y disfrutar de ganar dinero. No hay nada de rico en tener mucho dinero y sin embargo sentir estrés y odiar la forma en que se gana dinero porque ya no te trae alegría.

La acción intuitiva es la práctica que le va a ayudar a encontrar sus propias prácticas de manifestación de riqueza que se sienten positivas para usted y crean resultados positivos.

Por ejemplo, a algunas personas les gusta visualizar la riqueza como una energía personificada de la que pueden hacerse amigos. Al ver el dinero como algo de lo que pueden enamorarse genuinamente y ser amigos, es más fácil para ellos sanar sus creencias y tener una mejor relación con el dinero.

Para otros, es más fácil ver el dinero como algo que no es gran cosa y enfocarse en cambio en todo lo que pueden permitirse con su dinero, desde una abundancia de alegría hasta una abundancia de artículos materiales. De esta manera, pueden quitar la presión del dinero y traerlo a través de métodos que son agradables, mientras que todavía permiten abundantemente todo lo que desean.

No hay una forma correcta o incorrecta de manifestar el dinero, ni tampoco hay una forma correcta o incorrecta de seguir su intuición. Simplemente escuchen esa voz interior y hónrenla y se encontrarán a sí mismos manifestando abundantemente todo lo que desean.

Refinando continuamente su enfoque

Una cosa clave que ustedes realmente necesitan hacer cuando se trata de manifestar es refinar continuamente su enfoque.

Cuando se trata de manifestar, tu enfoque es una herramienta poderosa que puedes usar para apoyarte en la atracción de cualquier cosa que quieras en la vida. De hecho, ya que tu enfoque es la disciplina de usar tu cerebro como quieras y tu cerebro es la herramienta clave de la Ley de Atracción, tu enfoque es verdaderamente la clave para manifestarte en abundancia.

Enfocarse continuamente en refinar tu enfoque va a apoyarte para que te mejores continuamente con la manifestación a lo largo del tiempo.

Eventualmente, descubrirás que has disciplinado tu mente tan bien que es virtualmente sin esfuerzo para ti liberar los pensamientos que no sirven a tus deseos. De esta manera, puedes comenzar a honrar los pensamientos que sí sirven a tus deseos.

La práctica de usar tu mente para manifestar será cada vez más fácil, lo que significa que te manifestarás aún más rápido.

A medida que refinas continuamente tu enfoque, asegúrate de dirigirte a todas las áreas de tu enfoque. Pongan atención a aquello en lo que específicamente se están enfocando, cómo se están enfocando en ello, y cómo están controlando su mente para honrar su enfoque.

Encontrará que a través del uso de este espectro completo de autoconciencia, su enfoque mejora significativamente.

Aprendiendo a medida que crece

Una de las mayores formas en que aprendemos como humanos es a través de la práctica. Ya sea que seas o no un aprendiz cinestésico, vas a encontrar que la práctica te ayuda a tener un sentido más profundo de lo que estás haciendo.

A través del trabajo práctico, se llega a sentir genuinamente la práctica y se obtiene un sentido de lo que realmente se está haciendo en un nivel más profundo.

Como resultado, tienes un entendimiento más íntimo de cómo funciona la práctica.

A medida que creces, prepárate para aprender a lo largo del camino.

Cuanto más se enfoquen en entender verdaderamente el proceso de manifestar la riqueza y cómo se siente y lo que realmente está pasando a lo largo del camino, mejor estarán en él.

De esta forma, tendrán una comprensión más clara de cómo pueden afirmar su energía, enfocar su atención, y tomar acciones inspiradas que tendrán los mayores resultados.

También podrás descubrir dónde y cómo puedes refinar tu práctica para que puedas sacar el máximo provecho de tus prácticas de la ley de atracción.

No tengas miedo de seguir investigando también. Cuanto más leas, escuches y aprendas sobre cómo manifestar la riqueza a través de tantos recursos como sea posible, más podrás aplicar más a tus habilidades. Esto te ayudará a mejorar cada vez más.

Refinando tu ley de atracción Habilidades de Riqueza

A medida que encuentras prácticas que funcionan para ti cuando se trata de manifestar, nunca es una mala idea trabajar para refinar esas habilidades.

Todo puede ser mejorado con el tiempo, y a medida que aprendan más y entiendan más, encontrarán que tienen nuevas formas en las que pueden mejorar sus prácticas de manifestación.

Adicionalmente, mantener este alto nivel de conciencia en su práctica le ayuda a asegurar que siempre hay un propósito detrás de todo lo que está haciendo. De esta manera, nunca dejará que ninguna de sus prácticas se vuelva automática hasta el punto de que se vuelva improductiva.

Cuanto más reconozca sus habilidades de manifestación y continúe revisándolas, más podrá asegurarse de que está utilizando las mejores prácticas posibles.

Si quieren continuar incrementando su riqueza y manifestando mayores niveles de abundancia en su dirección, hacer esto les va a ayudar en gran manera.

En última instancia, les permitirá hacer su manifestación de mayores sumas aún más rápido porque ahora son profesionales en el monitoreo y la dirección de su energía. Como resultado, descubrirán que manifestar la riqueza verdaderamente es más fácil.

Conclusión

Manifestar la riqueza tiende a ser una de las cosas más difíciles de lograr para la gente.

Debido a que tendemos a poner tanta presión y estrés en torno a la riqueza financiera, manifestarla se siente más difícil.

Sentimos que los riesgos son mayores.

Sentimos que la presión es mayor.

Como resultado, realmente luchamos por obtener algún resultado.

La clave para manifestar una abundancia de riqueza como un profesional es comprender verdaderamente cómo funciona su energía y lo que pueden hacer para mejorar su energía. Enfocarse en la forma en que pueden sacar el dinero y la riqueza de un pedestal y verlo como algo alcanzable les ayudará a manifestarse mejor.

También descubrirán que pueden ganar riqueza más fácilmente de esa manera porque ahora, no solamente ya no se sienten estresados por ello, sino que también pueden comenzar a sentir la alegría que les rodea.

Para muchas personas, este cambio energético y emocional hace que la manifestación sea más fácil porque ahora sienten genuinamente que están manifestando algo positivo. Ahora, en lugar de sentir que estás manifestando algo estresante o que se siente como una gran pérdida de tiempo y energía, sientes que estás manifestando algo divertido que te proporciona experiencias alegres.

Vale la pena ver la manifestación de la riqueza como un cambio de estilo de vida además de un proceso de manifestación. Darse cuenta de que van a tener que cambiar sus creencias y perspectiva en torno a la energía y vivir desde esta nueva perspectiva es imperativo para ayudarles a manifestarse verdaderamente más.

De esta manera, van a tener la oportunidad no solamente de manifestar una suma de dinero, sino de manifestar la riqueza de manera consistente y con facilidad. También podrán incrementar la cantidad de riqueza que manifiestan porque han incrementado la cantidad que se sienten cómodos creando y teniendo.

Es importante que nunca den por sentado lo que realmente significa tener una abundancia de dinero en efectivo. Recuerden, si no pueden crear y administrar fácilmente mil dólares, tendrán que luchar para crear y administrar un millón de dólares.

El dinero no siempre es lo más fácil de manejar, por lo que muchas personas no tienen mucho. También es la razón por la que muchas personas pueden mirar hacia atrás y sentir que tienen mucho dinero, pero no tienen nada que mostrar, dejándolos así con la sensación de que no son ricos. Lo creas o no, esto sucede para muchos multimillonarios.

Aprender a sanar sus habilidades de manejo del dinero les ayudará a atraer una abundancia de dinero y a usarlo de manera que se sienta abundante, permitiéndoles así sentirse ricos. Al final, ustedes confiarán mucho más en ustedes mismos y en su riqueza, y obtendrán lo que realmente desean de su abundancia.

Si disfrutaron de este libro y sintieron que los apoyó para atraer más abundancia a su vida, los animo profundamente a seguirme en línea. También puedes enviarme un correo electrónico y dejarme saber de tu experiencia leyendo este libro y de cualquier pregunta que tengas. Me encantaría apoyarte aún más en la manifestación de la riqueza a través de la Ley de Atracción para que puedas experimentar la verdadera y profunda abundancia en tu vida.

Escucharte también me ayuda a generar más grandes libros como este, para que pueda ayudarte aún más.

Gracias, y espero escuchar de ti.

BONO GRATUITO

P.D. ¿Está bien si nos excedemos en la entrega?

Creo en la entrega excesiva más allá de las expectativas de nuestros lectores. ¿Está bien si me excedo en la entrega?

Este es el trato, voy a darle una muy valiosa hoja de "Aprendizaje Acelerado"...

¿Cuál es la trampa? Necesito confiar en usted... Verá, mi equipo y yo queremos entregar más de lo necesario y para ello, tenemos que confiar en que nuestro lector mantenga este bono en secreto para sí mismo. ¿Por qué? Porque no queremos que la gente reciba nuestra última hoja de aprendizaje acelerado sin ni siquiera comprar nuestros libros. No es ético, ¿verdad?

Vale. ¿Están listos?

Simplemente visiten este enlace:
http://bit.ly/acceleratedcheatsheet

Todo lo demás se explicará por sí mismo
después de que visite:

http://bit.ly/acceleratedcheatsheet

¡Esperamos que disfrute de nuestros
bonos gratuitos tanto como nosotros
hemos disfrutado preparándolos para
usted!